Sebastian Ising

Vivere

Sebastian Ising

Vivere

Ein Monolog

Gedichte wider die Wahrnehmung

Die Bibliografische Information der Deutschen Bibliothek
Die Deutsche Bibliothek verzeichnet diese Publikation in der Deutschen
Nationalbibliografie; detaillierte bibliografische Daten sind im Internet über
http://dnb.ddb.de abrufbar.

Textauswahl, Lektorat & Layout:
Verlagsbüro Andrea Stangl
Salzkottener Str. 56, 33106 Paderborn
www.verlagsbuero-stangl.de
Telefon (0 52 51) 8 78 46 33

Herstellung und Verlag:
Books on Demand GmbH, Norderstedt
www.bod.de

ISBN 978-3-8370-0766-4

Für Romy, Andy, Jim

*

Gewidmet einer Katze, die meinem Leben fehlt

Die Krankheit der Kultur des 20. Jahrhunderts ist die Unfähigkeit, irgendetwas als real zu empfinden. Die Leute hocken wie gebannt vorm TV, konsumieren soap operas, Filme, Theater, Pop-Idole, lassen sich von Symbolen zu den heftigsten Gefühlsregungen hinreißen. Doch in der Realität ihres eigenen Lebens sind sie emotional tot.

James Douglas Morrison

INHALT

Wille

Glut
durch weißen Rauch
reitet der Tod in ein neues Land
treibt verschleiert das Leiden in uns hinein
Schimmer
von kaltem Stahl
zeichnen Spuren auf unsere Haut
eine Seele
nimmt dies alles wahr
ein Verstand
begreift
ein Herz fleht
doch der Wille
er fehlt

Ziele

Ich kann ihn sehen
wenn ich mich erinnere
sein seltsames Lachen
die Anekdoten
die Hoffnungen die er hatte
die Angst
die keine Liebe mit ihm teilte
ich habe seinen Sarg getragen
durch alle Gezeiten
und
jeden Morgen
fließt Erinnerung
wie kaltes Wasser
durch die Hände in den Spiegel
er war ich
doch nun gibt es kein Wir
ein Teil ist gegangen
ein Teil liegt vor mir
doch wer
ist hier und jetzt?

Augenlied

Was glitzert
am Rande
des Loches im Sein
Ei
spielend
die Augen
sie blicken hinab
die Spiegel
sie blicken hinauf
Willst deinen Namen du mir sagen
magst begleiten du mich
zu mir selbst
in mich hinein
tief
und die Spiegel sie sagen
so begannen einst
auch Wir
und so begann ich
sagen meine Augen
und werfen seither
die Blicke anderer zurück

Essenz

Tränen des Abschieds
konservieren
schließen ein
Zeit und Raum
Hoffnung und Angst
lass sie mich einfrieren
um sie dir wieder zu schenken
wann immer
und wo
der nächste Abschied
uns zum Weinen zwingt

Regenbogen

Sonderbarer Gleichklang des Herzens
Ruhe
im Orchester der Gefühle
sanfte Schwingungen
ich bin bei mir
was vermag
die Ruhe zu stören
keine Außenwelt
nichts ist repräsentiert
außer meiner Liebe
meiner?
Wie viel ist Teil von mir?
Wie viel von dir?
wo liegt die Kreuzung
des Wir?
tausend Regentropfen
doch ich versuche
den Einzigen zu finden
der mir Antwort schenkt
in ihm
bricht alles Licht
und aus ihm
wird unser Regenbogen

Kosmologische Ordnung

Erhobene Häupter
tragen die Federn des Pfaus
schillernd
doch tief verankert
im nackten Fleisch
Körper deckt Seele
Schwung deckt Lähmung
Steuer deckt Angst
Deck deckt Träume
vielen Gesichtern
bleiben wir abgewandt
auch wenn von Zeit zu Zeit
die Federn der Maat
das Schicksal wiegen

Gebrochenes Licht
gespiegelte Hoffnung
verdecktes Licht
gespiegelte Angst
Regentropfen
an einem sonnigen Tag
nicht sichtbar
doch das innere Auge
spürt sie
blickt auf sie
weil es sie erblicken will
nicht anders kann
sich nicht befreien will
und unser Herz
verlässt sich
bangt
wird betrogen
gebrochene Hoffnung
gespiegeltes Licht
verdeckte Angst
gespiegeltes Licht
Leben – niemand hat es uns beigebracht

Hagezusas Addition

Zwei
soll werden eins
ergibt doch drei
Leere
und die Summe eines Lebens
voller Töne
bleibt die Stille
eines Lebens voller Bilder
bleibt die Dunkelheit
der Augen
und des Herzens

Nada Brahma

Was wenn
wir morgen plötzlich
im Nichts erwachten
wenn alles um uns herum
aufgegangen
im Feenstaub
wenn du auslöschst
Bild und Ton
was siehst du dann?
was fühlst du dann?
dich selbst?
die Leere?
oder dieselbe Angst
die wir nicht haben
vor dem Nichts
aus dem wir kamen?

Vivere II – Atome

Verlangen
Irrgarten
Verlust
Ehrgeiz
Rache
Eitelkeit
die Sünden unserer Zeit
die ein Verstand vermeiden will
ein Herz erleiden will
eine Seele überwinden will
Verantwortung
Innigkeit
Vertrauen
Ehre
Reue
Essenz
die Wünsche unserer Zeit
die ein Verstand negiert
ein Herz ersehnt
eine Seele zerstören

Zu laut

Stille
ein Schrei
der nachhallt
wir halten inne
versuchen ihn zu erfassen
nennen ihn Vernunft
und scheitern
denn die Welt
sie ist zu laut für uns
uns selber zuzuhören
darum endet die Welt
irgendwann
in der Stille
und wir
mit ihr

Bei dir

Wenn der Mond die Nacht teilt
bin ich bei dir
wenn die Tränen Welten zerbrechen
bin ich bei dir
doch ich sollte es nicht sein
ich sollte meine Nacht teilen
meine Tränen vergießen
meine Stimmung zerbrechen
meine Welt zerreißen
um auf den Trümmern neu zu entstehen
und aus den Ruinen hinauszublicken
meine Seele zu öffnen
mich selbst zu konfrontieren
dann
erst dann
kann ich zu dir

Diese Stadt

Sie war immer da
ich habe sie niemals wahrgenommen
doch immer gesucht
ich gab ihr neue Namen
nannte sie Religion
nannte sie Hoffnung
nannte sie Tod
ich zerstörte ihre Fassaden
fand niemals was dahinter lag
ich baute sie neu
fand niemals was auf ihren Trümmern erstand
und mit den Jahren
verblasste sie
Stille
und dann
betrat ich sie
die Stadt meiner Geburt

Wenn die Schwingen
der Träume
die Höhen der Realität streifen
bricht das Eis
erkalten die Gefühle
sinkt der Mut
der Gleitflug
des Lebens…
es fallen die Mauern der Städte
und wir setzen zur Landung an
wimmernde Schreie
eine Musik des Staunens
ein Gleichklang des Ungleichen
oder des Zweifels?
Erhebe dich
bis Traum und Wirklichkeit
einander erneut verschmelzen

Whisper

Lass mich
nur eine Nacht in deiner Seele schlafen
nur ein paar Stunden der Ewigkeit
in wärmender Dunkelheit
Lichter tanzen vorbei
ein paar Blicke
in die brennende Gier
deiner Träume
hörst du sie?
sie wollen mich holen
sie zerren an mir
lass nicht los
Stimmen
sie schneiden das Licht
es verglimmt
es verglimmt
der Qualm der Zigarette
vernebelt das Licht
das meine Augen empfangen
Gänsehaut
ich war so nah

Vivere III – der Unterschied

Wüste
Durst nach Mut
Dschungel
Hunger nach Licht
Eismeer
Sehnsucht nach Wärme
freies Land …?
Orientierungslosigkeit
keine Sehnsucht
kein Hunger
kein Durst
und wir erkennen
auch dies ist nicht das Leben
das wir suchten
und so treiben wir weiter
durch
Durst
Hunger
Sehnsucht

und finden doch niemals
wonach uns wirklich dürstet
uns wirklich hungert
wir uns wirklich sehnen
und fänden wir es
wir würden es töten
so wie du mich
so wie ich dich
und so
machen wir uns gleich
im Unterschied

Schachmatt

Schwarzweiße Schminke
gepresst an die gläserne Wand
die mich von mir trennt
Spuren
eines Pantomimen der Angst
ich sitze abgewandt
doch den Blick in der Seele
schwarze Schminke
bleibt zurück
das Weiße in mir
doch unmerklich
durchdringt ein Riss
das Glas
Stille im Lärm

Hier draußen

Spinne spinnt
im Grase grast
Katze auf Holzstuhl
den Spatz in der Hand
vom Mund
der Taube auf dem Dach
Friedhof ist Erde
Erde bleibt Tod
riesige Füße
erzittern die Leichen
droht das Morgenrot
Spiel beginnt
hier draußen
er den Kreislauf
in Quadraten ersinnt

Hagezusas Korrektur

Drei sind die Lichter
Erhellend die Nacht
Eins ist das Menschlein
Das all dies hier erdacht
Vier sind die Augen
Welche die Liebe vollbracht
Einst war das Stolzlein
Das all dies belacht
Zwei für mich
Zwei für sie
Binäre Logik
Ein zweifelnd Verstand
Zurück bleiben drei Herzen
Eins für mich
Eins für sie
Eins für sie
Und ein viertes
Das den Narren verlacht

Innocent Adolescent
(für meinen Vater)

Hörst du sie marschieren
Legionen der Eitelkeit
der ertränkten Demut
des Hasses auf sich selbst
trampelnder Gleichschritt
Rhythmus der neuen Welt
doch unmerklich
setzt ein Kind
seine sanften Schritte im Trubel
blickt lächelnd nach oben
wechselt die Richtung
unbewusster Widerstand
Vater, wie weit ist es gekommen
doch längst hat es sich entfernt
gibt es dem Ruf in sich nach
werden die Schritte bald fester
doch unmerklich
fremd gelenkt

Dia-Abend

Natur
Klick
ein gemeinsames Lachen
Klick
ein einzelnes Lachen
Klick
ein Schuss
Klick
Natur
Stille
das Auge wendet sich ab
blinzelt
Natur
Klick
ein Kreislauf
bis zum letzten Klick
dem letzten Bild
dem letzten Augenblick
den niemand mehr betrachtet

Müdigkeit
an Körper und Seele
du warst mir lange ein Freund
decktest den tieferen Schmerz
zu mit Schein
Schneewittchenschlaf der Realität
doch nun bin ich wach
ich kann in deine Dunkelheit blicken
ich bin stärker als zuvor
konfrontiere mich
ich bin müder als zuvor
doch wacher im Geiste

Schlafend in mir

Schließ deine Augen
spüre das Drehen der Welt
verliere den Verstand
koste den Schweiß
verliere die Kontrolle
schreie
töte
ficke
und dann?
kehre zurück in eine Welt
in der du bist was du kannst
nicht was du bist
nicht was du willst
nicht was du fühlst
geht es dir besser?
nein alter Freund
du bist nur geworden
was Gedanken schon immer gewollt
was Kontrolle eingesperrt
aber
auch das bist du
Mensch

die Farben der Wahrnehmung
sind Schwarz und Weiß
doch du bist ein Regenbogen
wenn auch mit düsteren Schwingen
wohin werden sie dich tragen
wenn du sie lässt?
wenn du dich verschließt?
bunte Stille
wir nennen sie Angst

Und doch

Herzschläge
Trommeln
in einer durchwachten Nacht
die Gedanken an dich
quälend und wärmend zugleich
ein sich steigernder Rhythmus
der beizeiten verebbt
Schläge bizarr
wie Reanimation
auf ein liebendes Herz
ein lächelnder Hohepriester
der Angst
steigt auf Podeste
seine Worte verhallen
ich liebe dich doch
die Worte verhallen

Suche
(wie so vieles andere für Sophia)

Ich suche
nach Worten für dich
nach Antworten für mich
nach Zukunft für uns
ich denke viel zu oft wir
und beginne dennoch Sätze mit Ich
ich suche nach Zukunft für dich
nach Antworten für mich
nach Worten für uns
ich suche mich
dich
uns
Ich?
Wir?
egal
Moment

Hunger

Wo ich raste
hält die Stille Einkehr
wie mein Schatten
umschließt sie die Herzen
der sich spiegelnden Menschen
saugt auf das Elend und den Schmerz
ein Parasit des Leids
zerstörte Gegenwart
ich ernähre mich von ihr

Seelenmord

Die Leichen unserer Träume
begraben unter dem Eis
unserer Wirklichkeit
das gebrochene Licht
einer gebrochenen Sonne
erreicht sie
still und glänzend
ein Friedhof der Realität
doch erst wer einbricht
erkennt den Seelenmord
der zwischen uns
und dem was wir Leben heißen
begraben liegt

123...

Zwei Seelen
blicken hinab
starren bang
doch wild entschlossen
eine Seele
erinnert
verdrängt
will sein
doch ist nur im Moment
bringt Vergangenes
und Zukünftiges
und hier und jetzt
nicht in Einklang
drei Seelen
in einer

Monolog im Selbstbetrug

Steh ich
vor einer Wand voller Quadrate
schwarz und weiß
kein Grau
steh ich
aufrecht?

Es tut mir leid
ich zu sein
wir zu sein
nicht mehr uns zu sein
nicht ihr zu sein
sondern allein
tut es mir leid?

Fazit des Selbstbetrugs
(Monolog) – nur ein Tag

Ich habe vieles verstanden
Viele Fragen gestellt und selbst beantwortet
Ich habe Macht und Reichtum gelebt
für langweilig befunden
Habe Menschen geliebt, Menschen zerstört
Liebe gesucht, Liebe gefunden, Liebe verloren…
Ich habe gelebt
Vor mich und meine Träume hin
Ich habe Leben gerettet, habe Seelen geküsst
mich ihrer bemächtigt…
Was habe ich hinterlassen?
Gegenwart
Nicht mehr, nicht weniger
Alles was ich tat und fühlte ist kein Bestandteil von ihr…
nur dann wenn sich die Menschen erinnern…
wenn sie meine Existenz zulassen
Und so liegt meine Zukunft in fremden Händen
Ein Gedicht?
Oder doch nur ein Tag…

Glas

Umgeben
von unsichtbaren Spiegeln
sie werfen meine Gedanken zurück
abprallende Hoffnung
reflektierter Mut
der das Herz nicht erreicht
man sinkt auf die Knie
kämpft sich nach oben
erkennt
wenn ich diesen Lichtschein verliere
verliere ich mich
und während die Spiegel sichtbar werden
vergeht langsam das Ich

Kann ich jemals
mehr werden als Ich?
Ich war einst mehr
und spürte den Schmerz
den dieser Schritt bereithält
Kann ich mich bewahren
im Uns?
Bin ich
oder war ich
…
mehr?
Und doch trage ich ein Bild
in meinem Herzen
von dem was ich einst war
und vielleicht nie mehr werde

(K)ein Blick

Totenorgel
begleitet den Reigen der Welt
betrübt das Herz
vernebelt die Sinne
gaukelt
den einen Ausweg vor
lenkt ab
den Blick nach vorn
sitzt in unserem Nacken
kein Blick zurück
ihren wirklichen Anblick
ertrügen wir nicht
sehen nur ihre Schatten
hören nur ihr Echo
kein Blick zurück

Sinnesentzug

Sehnsucht
sie ist tiefer als das Meer
ein Durchbruch durch die Oberfläche
tief hinab
in die Fratzen des Lichts
das spöttische Lachen der Fische
die dumpfen Töne des Hasses
je tiefer wir an sie reichen
je näher das Herz
desto bohrender die Enge der Lungen
der Zweifel
der Zwang zurückzukehren
gelingt uns die Reise
nehmen wir Abschied
von dem, was wir einst kannten
was wir einst gefühlt
man kann auf viele Arten sterben ...

Next to me

Die Welt
Licht durch die Ritzen einer Jalousie
Die Realität
Geräusche durch die Ritzen einer Tür
Das Ich
gespalten
in Gefühle
Verstand
und dunkle Stimmen
Die Verbindung nach draußen
künstliche Bilderwelten
in einem Fernsehgerät
Das Ziel
ausbrechen
Doch von außen
durch die Ritzen
die Spalten
das Stimmengewirr
bleiben nur wir selbst
allein

Wait a minute

Momente
bleibt mir mehr als diese fliehenden Schatten
verschwommen zwischen Raum und Zeit
keine Empathie
keine Trennung zwischen Erinnerung und Erleben
Zukunft bleibt Vergangenheit
Zukunft bleibt Schuld
zerfrisst jeden neuen Moment
eitel betrügt die Seele

Ein Blick
hinab von den Zinnen einer Burg
in den Sonnenuntergang
den Tod des Tages
die Geburt der Nacht
sie macht uns gleich
und auf den goldenen Schwingen
eines Adlers
tragen wir unsere Wünsche
während unser Selbst
verweilt
verlassen
von den Träumen
die einst unsere Zukunft waren
kehren sie zurück
warten wir auf den Tag
an dem wir gemeinsam mit ihnen
die Burg verlassen
in die ewige Nacht

Feuer

Geflügelte Dämonen
werfen ab
den Schmerz der Welt
wir suchen Schutz
schaffen Mauern
schaffen Dunkelheit
statt die Arme auszubreiten
den Schmerz zu empfangen
so stehe ich
mit ausgebreiteten Armen
im Zentrum der Welt
lasse den Schmerz auf mich regnen
die Welt sie entflammt
doch ihr sitzt auf euren steinernen Thronen
während die Wirklichkeit
in Wirklichkeit
verbrennt

Brahmas Weltenseele

Die Welt ist Klang
Summe dessen was wir hören
in unserem Herzen
Stimmen
überlagern die Töne des Glücks
bringen
Zweifel
zwingen uns
in fremde Bahnen
leiten unser Leben
nach den Wegweisern
der Anderen
unser Selbst
zerfließt im Missklang
zerstört die Töne
die Pfeiler unserer Lebensbahn
und immer leiser
wird der Eigenklang
bis er verweht
im Schwarz der Weltenseele

Rollenspiel

Galerien
Porträts der Erinnerung
Fratzen der Vergangenheit
entstanden aus unseren Farben
immer weiter vervollkommnet
immer mehr abhängig gemacht
immer klarere Formen
niemals fertiggestellt
doch schon freigegeben
ohne neue Betrachtung
gehasst
vergöttert
vergessen
nur niemals verdrängt
von Zeit zu Zeit
nehmen wir sie herab
erinnern uns
an das Porträt
das andere
von uns
im Herzen tragen

Laughstory

Seelenloch
dunkle Gedanken
verschlingen das Licht der Zukunft
verzerren das Selbstbild
Hoffnung
nicht meine
eure
eure Ziele
eure Träume
projiziert auf ein Ich
durch das die Bilder hindurchfließen
und in diesen Bildern
kristallisiert sich die Liebe
gleichwohl verzerrt
und nie erkannt

Liebeserklärung an eine Idee

Ich habe immer geglaubt
an ein Du im Wir
geglaubt an eine Idee
entstanden in meiner Seele
gespiegelt auf den Sinn eines Lebens
gehofft auf die Erlösung
im Moment der Augen Blicke
an ein Gefühl
jenseits
von Körper
Stimme
Blick
an dich
ich weiß ich will…
Liebe
und dich
doch können wir's riskieren
die Träume einer Schnsucht
zu verlieren
haben wir beide doch weniger als uns
nur
eine Idee im Rausch der Zerrbilder unserer Risiken
weit entfernt
zwei aus Glas
die sich immer nur spiegeln
meinte Rousseau uns?

Schlafen

Lass mich schlafen
lass mich darüber schlafen
lass meine Zweifel schlafen
meine Ängste schlafen
im Traum bin ich nicht allein
bin ich dir nahe
auch wenn du nichts davon hast
lass mich schlafen
darüber schlafen
ein neuer Tag beginnt
ein neues Erwachen
mit dem Ziel eines neuen Schlafes
ich kann dir nicht antworten
ich kann dich nichts fragen
lass mich schlafen
darüber schlafen
im Schlaf verlasse ich mich
verlasse ich dich
verlasse ich die Welt
du drängst mich
in einen anderen Schlaf
lass mich schlafen
darüber schlafen

ich wache auf
erkenne
ich bin niemals aufgewacht
ich ließ mich schlafen
darüber schlafen
warum ließen sie mich schlafen
endlich erwache ich
ich werde nie mehr schlafen
nur noch ruhen
ich bin hier
ich bin hier
ich bin hier
ich
ich
lasst mich schlafen
schlafen
schlafen
schlafen
wo bin ich?
hallo
kennen wir uns?

Monolog im Selbstbetrug – Reprise

Blicke ich aus dem Fenster
Blicke ich in mich
Panik
Hass
multiple Gefühlswelten
Angst
Blicke ich in mich?

Unter mir ... Über mich

Ich weiß alles
erkenne nichts
ich würde so gerne den Blick senken
während ich wandele
auf Seilen
zwischen Hier und Jetzt
doch wenn ich es tue
was werde ich sehen
werde ich springen
werde ich fallen
ich brauche den Fall
immer wieder
bis ich eines Tages
ankomme

Nur mich selbst

Nur ein paar Tropfen
am Boden einer Flasche
bilden ein Universum der Chemie
bilden das, was wir Leben nennen

Nur ein paar Tropfen
am Boden einer Flasche
nutzen wir
zerstören unser eigenes Universum
bilden das, was wir Tod nennen

Nur ein paar Tropfen
ähnlich weniger Schritte
ähnlich weniger Tritte
die morden
die zerstören
doch die niemals finden
woraus die Tropfen bestehen

Und sollte aus Tränen Wasser werden
dann werde ich sie nutzen
zu zerstören
zu morden
zu treten
und sei es nur mich selbst

IF

Wäre die Wahrnehmung eine Skulptur
Wir würden die Kunst verherrlichen
Wäre die Wahrnehmung eine Tür
Wir fühlten uns sicher ohne das Licht
Wäre die Wahrnehmung wir selbst
Wir lebten zufriedener im Selbstbetrug
Wäre Wahrnehmung Wasser
Wir fänden Wege ohne Durst
Wären wir blind
Wir würden sehen
Wir würden fühlen
Wir wären wie Kinder
Wir sähen die Welt wie sie ist
Nicht wie wir sie sehen

Töricht

Wo bin ich
warum diese Dunkelheit
warum nahm ich sie als Einziges mit mir
in die neue Welt
ich habe mich noch immer nicht befreit
aus der Kammer
Stimmen dringen zu mir
ich habe sie alle getötet
nur die törichtste nicht
so kehre ich immer wieder zurück
in die Kammer
es sind lange Wege
zu mir

Flut

- Bin ich zum Sterben geboren?
Die Stimme wispert:
- Dir fehlt das Talent!
- Bin ich zum Leben geboren?
Die Stimme lacht:
- Dir fehlt das Gefühl!
- Sag mir nun, warum bin ich hier?
Die Stimme schreit auf
- Um zu sein, zu zweifeln und zu denken
Ein Lichtblitz zerstört die Dunkelheit
ich öffne meine Augen und mein Herz
nehme die letzten Tränen an mich
berge sie in den Inseln meiner Seele
und stürze in die Fluten
Salz zerfrisst meine Haut
doch ich bin unterwegs
zu einem imaginären Gefühl
ich nenne es Sicherheit
und ertrinke

Sirenenlied

Ich könnte dir sagen
dass ich deine Ängste
im Innersten verstehe
dir sagen
dass ich Ausbrüche erkenne
den Schmerz zu empfinden vermag
ich könnte Worte endlos verhallen lassen
verhallen sie doch in einer müden Seele
die sich schützen will
und dies verdient
doch die niemand schlafen lässt
ich könnte dir sagen
dass dies alles niemand verletzt
aber ich wüsste
dein Herz spürt anderes
deine Aufgabe ist eine andere
so lass mich nur sagen:
dein Sinn liegt in allem was du tust
und leider auch im Schmerz

Meine Angst in deinen Augen

Vor langer Zeit
Zeilen von Verlust
Zeilen von Angst
ich glaubte sie verloren
doch dann
fiel mein Blick
in ein Gesicht mit spiegelnden Augen
dein Gesicht
und seitdem kämpfe ich
hindurchzublicken
und mich selbst
dein Herz
und unsere Ewigkeit
zu finden